RUFUS

A Slave's Tale

THOMAS CAFFREY

Copyright © 2015 Thomas Joseph Caffrey

All rights reserved. No part of this publication may be reproduced, stored or transmitted in any form of by any means electronic, mechanical, photocopying, recording or otherwise, without the prior written permission of the author.

Publisher: CreateSpace Independent Publishing Platform

ISBN-13: 978-1515296201

ISBN-10: 1515296202

CHAPTERS

1. RUFUS

2. A SUMMER AFTERNOON

3. RUFUS GETS SOAKED

4. RUFUS' RAMUS

5. A HAPPY DAY

6. PAYBACK

7. PLANS FOR THE FUTURE

8. IN ANIMO HABEO

9. OUCH!

10. LIBERTAS

11. ON THE RUN

12. A CLOSE CALL

13. THE WISE OLD MAN

14. THE JOURNEY CONTINUES

15. THE RAISIN FOR BEING

16. RUFUS' ESCAPE

17. RUFUS GOES TO THE INN

18. SEXTUS' FIRST "DATE"?

19. NAP TIME FOR RUFUS

20. FOUND!

21. THE SEARCH

22. A SECOND MEETING

23. ROMA

24. RUFE!

25. TO THE TABERNA

26-7. AURIGA MEUS EST VICTOR

VOCABULARY

ॐ

This collection of stories is dedicated to my college professors who helped instill my love for Latin and to all my students over the years who have been so enthusiastic about Rufus and his adventures.

RUFUS

A Slave's Tale

＃ ~ 1 ~

Rufus

    Ecce! In altera pictura est puer, nomine Rufus. Rufus non Romanus est, est Britannicus. Rufus etiam in villa rustica habitat. Est Rufus laetus? Minime! Rufus non est laetus quod est servus. Non librum legit, non sub arbore sedet, et non scribit. Dum Flavia et Cornelia legunt, sedent et scribunt, Rufus laborat. Rufus **semper** laborat. Rufus in **rastello <u>inclinat</u>** et est tristis.   5

semper - always   **** SEMPER FIDELIS – motto of the U.S. Marines
rastellus - rake

inclinat - lean on

    incline -
    acclivity -
    decline -
    declivity -
    recline -
    inclination -
    disinclined -
    declension -
    proclivity -

~ 2 ~

A Summer Afternoon

Cornelia et Flavia sunt puellae Romanae quae in Italia habitant. Iam Rufus in Italia etiam habitat. Rufus non iam in Britannia habitat. Flavia et Cornelia sunt amicae, sed Rufus nullos amicos habet.
Puellae sunt laetae. In agris saepe ambulant et currunt. Ubi sunt defessae, sub arbore sedent et **loquuntur**. Rufus **numquam** in agris currit. 5
In agris laborat et **gregem curat**. Rufus semper defessus est et **numquam** sub arbore sedet. Hodie est **dies natalis** Rufi, sed Rufus **adhuc** laborat.

numquam - never
adhuc - still
curat - (he / she) cares for
gregem - flock
dies natalis - _____   **** CARPE DIEM – seize the day (Horace)

loquuntur – they talk

    loquacious -
    eloquent / eloquence -
    soliloquy -
    obloquy -
    colloquial -
    magniloquent -
    grandiloquent -
    ventriloquist -
    circumlocution -

~ 3 ~

Rufus Gets Soaked

    Hodie, Rufus non **gregem** in agris curat, sed solus in horto multos **flores** curat. Hodie Rufus laetus est. Subito Marcus et Sextus in hortum currunt. Rufus gemit quod Sextus semper eum **deridet**. Marcus et Sextus currunt et rident dum Rufus laborat.
    Brevi tempore, Rufus statuam in piscina videt. Rufus ad piscinam   5
ambulat et statuam **spectat**. Subito, Sextus, qui est puer molestus, Rufum **trudit**. Rufus in piscinam cadit et Sextus ridet. Sextus ex horto currit. Marcus ex horto ambulat. Rufus in piscina sedet, madidus et iratus. Rufus Sextum **odit**.

flores - flowers
deridet - make fun of
spectat - watch
trudit - push
odit - hate   ***Odi et amo - I hate and I love (Catullus)

gregem - flock

    gregarious -
    segregate -
    congregate -
    aggregate -
    egregious -

- 4 -

Rufus' Ramus

    Hodie Rufus in agris laborat. Conspicit Marcum et Sextum et Corneliam qui per agros currunt. Sextus magna voce clamat "Rufe! Rufe! Tu es servus!" Deinde ridet et ad magnam arborem currit. Marcus et Cornelia non clamant. Sextus semper Rufum vexat.

    Brevi tempore Rufus non iam laborat sed post arborem sedet. Sextum spectat qui magnam arborem ascendit. Marcus et Cornelia absunt. Furtim Rufus appropinquat ad arborem quam Sextus ascendit. Sextus Rufum non videt. Rufus est sollicitus sed Sextum odit.   5

    "Sexte, Sexte! Tu es **malus** puer," Rufus **sibi cogitat**.

    Deinde longum ramum firmum arripit et Sextum in **tergo ferit**. Statim Sextus clamat atque ex arbore et ad terram magno fragore cadit. Sextus non movet.   10

    Tandem Rufus ridet et laetus est. Statim ad agros recurrit, sed Corneliam non videt quae post arborem vicinam sedet.

---

sibi cogitat - thinks to himself   Motto: Cogito ergo sum
tergo - the back (body part)
ferit - he hits

malus - evil / bad

    malefactor -
    malicious -
    malign -
    malice -
    malcontent -
    dismal -
    maladroit -
    malinger -
    malaria -

~ 5 ~

A Happy Day

Si dies est frigidus, Rufus laborat. Si dies est calidus, Rufus laborat. **Cotidie** Rufus laborat et cotidie defessus. Hodie Cornelia et Flavia et Sextus per agros errant et in silvas ambulant et Rufum vident.

    Sextus, **ut** semper facit, clamat, "Rufe, Rufe! **Necesse est tibi** laborare!"

    Rufus est iratus. Sextum ignavum arripere et eum pulsare vult. Sed quod servus est, potest facere nihil. Adhuc in agris laborat dum Cornelia et Flavia et Sextus in silvas **vanescunt**. 5

    Brevi tempore, Rufus clamores audit. "Ferte auxilium!" audit. Rufus clamat, "Sunt puellae!" et ad clamores currit. Primum videt Sextum qui **fugit** et clamat similis infanti. Deinde conspicit lupum et Flaviam Corneliamque perterritas. Rufus non timet. Statim **trans** rivum et ad puellas currit. Rufus **fortis** lupum **rastello** repellit et iam puellae sunt salvae. 10

    Flavia ad villam rusticam currit. Cornelia etiam currere vult, sed primum ad Rufum ambulat et eum **in gena osculat**.

    Primum tempus Rufus est laetus! 15

cotidie - every day
ut - as
necesse est tibi - you have to …
vanescunt - vanish
fugit - is running away
similem infantis - like a baby
fortis - (Try to guess this one.) _____
in gena osculat - kiss on the cheek

trans - across

- transpire -
- transpose -
- translucent -
- transgression -
- transitory -
- transcend -
- transparent -
- transient -

~ 6 ~

Payback

     Nondum lucet, sed Rufus surgit et in agros ambulat. Sextus et Marcus adhuc dormiunt. Hodie est dies calidus. Multi servi in agris strenue laborant, etiam Brutus qui est infirmus et modo unum oculum et **pedem** malum habet. Dum omnes servi laborant, ancillae cibum in magna culina parant. Tandem, Sextus ignavus surgit et ad culinam lente ambulat. Magna voce clamat,   5
"Volo panem et vinum nunc!" Omnes ancillae sunt perterritae ubi clamorem audiunt. Sed ubi Sextum vident, rident. Nullae ancillae Sextum adiuvare volunt.
     Mox, quod iratus est, Sextus e culina currit. In agro observat Rufum qui **equum** frigida cum aqua purgat. Sextus longam rastellam arripit et ad Rufum eam portat. Ibi Rufum **icere coepit**. Rufum **identidem** icit.   10
Tandem Sextus rastellam **demittit** et ex agro ambulat. Brutus et alius servus Rufum **cruentum** ad villam portare adiuvant.

pedem - foot
equus - horse
icere - to hit
coepit - he/she begins
identidem - again and again
demittere - to drop
cruentum - (What's your guess?) _____

pes, pedis – foot

    pedestrian -
    centipede -
    biped -
    quadruped -
    impede -
    velocipede -
    expedite -
    pedicure -

~ 7 ~

Plans for the Future

     Eheu! Rufus est valde occupatus. Si Marcus per **fenestram** spectat, semper Rufum laborantem in agris videt. Hodie, dum Rufus laborat, nuntius appropinquat. Rufus post villam rusticam lente errat. Nuntium audire vult. Ubi nuntius inquit, "Princeps omnes senatores revocat," Sextus exclamat, "Eugepae!"
     Quod omnis familia ad urbem it, necesse est Sexto ire etiam. Rufus laetus est. Non iam Sextus eum **deridebit**. Non iam Sextus eum **pulsabit**. Rufus ad agros redit et gregem in **montes** ducit. Sol lucet, aves cantant. Rufus ridet. Prope rivum Rufus in herba sedet et gregem observat. De patre et matre **cogitat**. Florem pulchrum videt et eum carpit. Tandem vita est bona!
     Subito Sextus advenit. Sextum videt non Rufus, sed Rufum Sextus videt. Rufus est defessus et mox dormit. Sextus, tamen, non vult dormire…

    fenestra - window
    deridebit - make fun of (future tense)
    pulsabit - punch (future tense)
    montes - mountains
    cogitat - he/she thinks

montes - mountains

    dismount -
    insurmountable -
    Montana -
    Montpelier -
    Montreal -
    mountebank -
    promontory -
    tantamount -
    Vermont -

~ 8 ~

In Animo Habeo

     Nondum lucet, sed Rufus iam in agris occupatus est. Mox Cornelii surgunt et Romam ire parant. Dum Romae sunt, Rufus in villa **mane<u>bit</u>** et laborabit.
     "Cur ego semper laboro?" Rufus **sibi cogita<u>bat</u>**. "Liber esse volo! Romam ire volo! Dormire **sero** volo! Deinde Colosseum et Circum Maximum videre volo! **Fortasse** puellae pulchrae **occurrere** potero! Tempus bonum habebimus! Lente non celeriter per urbem ambulabimus. Ad theatrum **ibimus** et 'Oedipum Regem' videbimus. In **popina** panem dulcem **edemus** et optimum vinum bibemus. Fortasse, ubi luna apparebit, **osculabimus**. **In animo habeo** eam in matrimonium ducere ."
     Subito Sextus Rufo **alapam dat** et clamat: "Labora, serve!"

sibi cogitabat - (see Rufus 7)
-bi- indicates future tense (will)
-ba- indicates imperfect tense (was / were)
manebit - will remain
sero - late
fortasse - perhaps
occurrere - to meet
ibimus - we will go
popina - can you guess this word?
edo, edere - to eat
osculo, osculare - to kiss
in animo habeo - I intend
alapam dat - to slap

animus - mind; spirit;   **anima** - soul

    animism -
    animate -
    inanimate -
    animosity -
    equanimity -
    unanimous -
    animadvert -
    magnanimous -
    pusillanimous -

~ 9 ~

Ouch!

Nondum lucet. Cornelia furtim surgit et ambulat e villa. Nemo eam observat. Nemo **nisi** Rufus qui iam laborabat. Cornelia ad villam Flaviae ambulat et mox Rufus observat Flaviam et Corneliam quae simul de villa discedunt. Dum Cornelia et Flavia per agros ambulant, Rufus furtim post eas ambulat. De arbore ad arborem trans agrum Rufus celeriter **salit**. Cornelia et Flavia non eum vident.   5

In agros tacite eunt Flavia et Cornelia. Subito Cornelia inquit "Tace! Audisne aliquid?"

Rufus statim in **metam salit**. Cornelia ad metam ambulat et **furcam** arripit dum Flavia stans manet. Cornelia furcam in metam **figit**. Rufus movere temptat sed frustra, furca bracchium perforat. Rufus tamen non clamat. Rastellus Sexti   10
magis **doluit**. Mox Flavia et Cornelia discedunt. Rufum lacrimantem non audiunt.

nisi - unless / except
meta - haystack
salio, salire - to jump
furca - pitchfork
figo, figere - to stab
doluit - hurt

salio, salire - to jump

salmon -
insult -
exult -
result -
assault -
assail -
unassailable -
resilient -
salient -
salacious -
desultory -

~ 10 ~

Libertas

Dum Cornelii Romam ire parant, Rufus effugere parat.
"Vita servi non bona est," Rufus cogitabat. "Necesse est mihi effugere"
Dum Sextus et Marcus clamant, Rufus et alii servi cistas ad raedam portant.
    Raeda est parata, omnes sunt parati, ubi subito Aurelia clamat, "Sexte, tua tunica est **sordida**! Ubi est tunica nova tua? I ad cubiculum tuum et eam **inveni**!" 5
    Sextus irate iubet, "Rufe, veni mecum, stulte serve!" et in villam ambulat. Rufus post Sextum ambulat et cogitat, "Opportunitas mea est!
    Ad cubiculum Sexti adveniunt. Sextus sibi cogitabat, "Ubi est tunica?" Rufus sibi cogitabat, "Possum **duo parietes de eadem fidelia dealbare**".
Eo ipso tempore **lucernam** vicinam arripuit et clamat, "Quid pro quo, Sexte!" 10
Ad caput Sexti lucernam iacit. Sextus scelestus ad pavimentum cadit. Rufus corpus spectat et ridet. Deinde celeriter ē **fenestrā salit**, equum invenit, et per agros agit. "Libertas! Libertas!" clamat.
    In villa, Sextus lente surgit…

sordidus, sordida - dirty
invenio, invenire - to find
duo parietes de eadem fidelia dealbare - to whitewash two walls with one bucket
lucerna, ae (f) lamp
fenestra, ae - window
salio, salire - to jump

corpus - body

    corpse -
    corps -
    corpulent -
    corpuscle -
    incorporate -
    corporeal -

~ 11 ~

On the Run

    Post Rufus effugit, Sextus lente surgit, deinde celeriter recurrit ad omnes qui prope raedam stant. Statim magna voce clamat, "Omnes, omnes! Rufus me in **capite** lucerna icit! **Papae**! Meum caput dolet. Volo matrem meam!"
    Sextus lacrimat et lacrimat sed Cornelius eum **praeterit** et statim in medium currit et exclamat, "Dave, voca canes! Unus servorum meorum effugit.   5
Nomen ei est Rufus."
    Davus respondet, "Domine, alius servus, nomine Geta, etiam effugit."
    Cornelius, nunc plenus irae, mussat. "Duo ex servis meis **eodem die** effugerunt." Deinde exclamat, "Dave, fer canes! Fer equos! **Ubicumque** celant, **inveniemus** eos et **verberabuntur**."   10
    Eo ipso tempore, Sextus Cornelio appropinquat et rogat, "Volo ire quoque! Ego Rufum verberare volo."
    Cornelius tamen inquit, "Quamquam tu es iratus, tu nos **impedies**. Sta prope portam villae et specta herbam **crescentem** dum viri eos inveniunt. Marce, veni **mecum**!"   15

caput, capitis - head
papae! - ouch!
praetereo, praeterire - to ignore
eodem die - on the same day
ubicumque - wherever
inveniemus - to find (future tense)
verberabuntur - they will be beaten
impedies - to hinder (future tense)
crescentem - growing
mecum = cum me - with me

caput, capitis - head

    capillary -
    capitulate -
    recapitulate -
    decapitate -
    captain -
    precipice -
    precipitous -
    capitalism -
    capital -
    per capita -

~ 12 ~

A Close Call

    Rufus canes latrantes et servos currentes per agros audit. Rufus cogitat, "Si me invenient, litteras FUG in fronte mea inurent." Subito Rufus quoque voces audit et deinde Getam in arbore vicina dormientem conspicit. Canes appropinquant et latrant et Rufus valde perterritus est. Statim ad rivum effugit. Ibi intra herbas et **harudines** altas celare potest.   5
    Ubi ad rivum advenit, Rufus super **lutum** aliquid salire temptat, sed cadit et caput suum in **saxo ferit.** Diu, Rufus immobilis in luto manet. Subito magnum canem videt. Rufus neque movet, neque respirat, neque **nictat.** Eo ipso tempore, canis vestigia Rufi olfacit et deinde Rufum ipsum videt. Canis, tamen, non latrat sed **vultum** Rufi **lingua lambit**. Rufus ridet. Canis non latrat   10
quod sunt amici. Est canis Rufi. "Bone canis!" inquit Rufus.
    Mox, canis exit et Rufus vestigia sua ramo celat. Deinde lente Rufus **repit** in harudines et dormit. Illa nocte Rufus surgit et **procul** clamores Getae audit. Tandem nihil audit. Lente Rufus per vineas et agros ambulat. Sibi rogat "Ubi **ibo**? Quem cibum edam? **Utique** sum liber!" Mox sol **lucet** et Rufus in   15
spelunca se celat.

harudo, -inis (f) reed
saxo - rock
nicto, -are - to blink
lingua, ae (f) tongue
repo, -ere - to crawl
ibo - I will go
luceo, -ere, to shine

lutum - mud
ferio, -ire - to hit
vultum - face
lambo, -ere - to lick
procul - in the distance
utique - at least
spelunca - cave

luceo, ere - to shine

    translucent -
    lucid -
    lucent -
    elucidate -
    Lucifer -
    luminous -

- 13 -

The Wise Old Man

    Dum Cornelii per Viam Appiam iter faciebant, Rufus e **spelunca** exit et nunc per agros et silvas solus errabat. Quinta hora erat. Dies erat calidus et brevi tempore Rufus prope rivum sedebat. Rufus **calculos** arripiebat et identidem eos in rivum iaciebat. "Plipus, plapus, plupus!" **Ut quemque** calculum in aquam iaciebat, Rufus dicebat, "Sextus est fatuus. Sextus est fatuus." Quam pulcher dies erat! Rufus **cubuit** et quiescebat. Mox dormiebat.   5

    Subito Rufus manum in pede suo sensit. Statim oculos aperiebat et magnum virum et antiquum sed praeclarum spectabat. Rufus magna voce exclamat "Quis es tu? Quid tu **vis**? Abi a me!"

    Vir magno risu respondit, "**Noli** timere. Sede in **ripa** et quiesce! Dic   10
mihi nomen tuum!"

    Rufus voce timida respondit, "Rufus."

    "Cur tu hic sedebas?" rogavit vir.

    "Effugiebam a villa Cornelii. Semper Sextus me virga verberabat et me deridebat."   15

    "**Immo**" inquit vir antiquus, "Audi mihi. Cave lupos et serpentes. Dormi **interdiu**, noctu modo ambula. Vita omnes homines, cives, et villas. Si ambulas in via, **ausculta** vehicula et aurigas…

    Rufus interpellit, "Sed ubi debeo ire?"

    Senex vir respondet, "Romam, puer, Romam!"   20

spelunca, ae (f) cave
calculus, i (m) pebble
ut - as
quemque - each
cubuit - he/she lay down
vis - (the "you" form of volo)

noli - don't (a command followed by an infinive)
ripa, ae (f) river bank
immo - well (interjection)
interdiu - during the day
ausculto, -are - to listen
senex - old man

cubo, cubere - to lie down

    recumbent -
    incumbent -
    succumb -
    accumbent -
    cubit - an old measurement from the elbow to the tip of the middle finger since feasters reclined on their elbows when eating: about 18-20 inches

~ 14 ~

The Journey Continues

    Dum Cornelii erant in fossa, Rufus, quamquam vir antiquus eum de periculo **monuerat**, **interdiu** ambulabat. In silva erat incolumis. Igitur lente et placide ibat. Gaudebat quod Sextus aberat. "Est nullum periculum", Rufus sibi cogitabat.
    Dum **hoc** cogitabat, tamen, Rufus non spectabat ubi ambulabat. Subito pedes Rufi non in terra erant sed in aere. Erat **rupes**! Statim Rufus cadebat et clamabat "Hei!!!"
    Rufus magno fragore in terram incurrit. Ibi erat immobilis. Mox, lupus ferox, **sanguinem** olfaciens, corpori Rufi appropinquavit. Lupus bracchium Rufi arripuit et celerrime eum ad speluncam suam trahebat. Tunica Rufi, tamen, in baculo haerebat. Dum lupus frustra trahebat, Rufus oculos aperuit! Noster Rufus, in magno periculo, **pollice** in oculo lupum **fodicavit**. Lupus **ululavit** et in silvas effugit. Rufus, commotus sed vivus, sedit.

monuerat - had warned
hoc - this
pollicem - thumb
ululavit - howled

interdiu - during the day
sanguinem - blood
fodicavit - poked
rupes - cliff

~ 15 ~

The Raisin for Being

Rufus diu ambulabat. Procul murmur rotarum audire poterat, sed tantum arbores et **saxa** videre. Tandem ad aream ubi nullae arbores erant advenit. Rufus nubes in caelo spectat. Boves in agris videt. Subito, tamen, raedam quae in Via Appia est videt. Oculi Rufi sunt optimi. Igitur Sextum sedentem solum et alios Cornelios stantes prope raedam videre potest.   5

Rufus cogitat "Fortasse **aliquem** cibum obtinere possum et Sexto **nocere**." Nox appropinquabat. Furtim Rufus ad bovem primum ambulat. Deinde a bove ad bovem Rufus raedae Corneliorum appropinquat. Nunc sunt tantum duo boves inter Sextum et Rufum. Sextus **passas** de **sacculo edit**. Rufus **calculos atros** de terra **tollit**. Mox Sextus sacculum deponit et   10
ad Marcum et alios ambulat. Celeriter Rufus ad raedam currit, multas passas arripit sed etiam calculos in sacculum ponit. Deinde in agrum effugit et post bovem se celat. Brevi tempore Sextus ad passas redit, paucas arripit, eas in **os suum iactat**, et eas **valde** mordet.

Rufus, passas in agro devorans, ridet. Sextus exclamat "Fregi meum   15
dentem! Fregi meum dentem."

saxum, i (n) rock
noceo, -ere - to harm (+ dative)
sacculus - little bag
calculus - little stone
tollo - to pick up
os, oris (n) mouth
valde (adverb) - hard

aliquem - some
passa, ae (f) raisin
edo, edere - to eat
ater, atra, atrum - black
paucus, a, um - a few (Eng. paucity)
iacto, -are - to toss
suus, sua, suum - his/her own
fregi - (from frango)

~ 16 ~

Rufus' Escape

Dum raeda Cornelii adhuc immobilis in fossa haeret, Rufus Cornelios de silva spectat. Sextus pilam ad Marcum iacit et deinde Corneliam ferit. Rufus iam iratus est quod, ut scis, Cornelia est carissima Rufo. Rufus eam amat. Rufus, tamen, nihil facere potest.

Itaque Rufus tristis se vertit quod Cornelios relinquere in animo habet. 5
Primum, tamen, **saxum** arripit et magna **vi id** iacit. Per aere saxum **volat**, trans agrum, (tu **huic** non **credes**!) super fossam, et ad Sextum. Sextum in **genu** ferit.

Rufus celeriter in silvam effugit et procul audit Sextum clamantem et lacrimantem. Rufus ridet.

Diu Rufus currit et deinde tandem ambulat. Mox ad finem silvae advenit 10
et cauponam videt. Rufum taedet edere **cimices** et **vermes**. Ad cauponem ire et cibum verum **edere** vult.

saxum, i (n) rock
vi - strength, force (ablative case)
id - it (accusative)
volo, volare - to fly
huic - this
credes - to believe (future tense)
credo, -ere - to believe (w. dative)
genu, us (n) knee
cimex, cimicis (m/f) bug
vermis, vermis (m) worm
edo, edere - to eat

credo, credere – to believe

    credence -
    incredulous -
    miscreant -
    recreant -
    creed -
    incredible -
    credit -

~ 17 ~

Rufus Goes to the Inn

Iam advesperascebat et Rufus ad cauponam lente ambulabat. Subito canes latrantes audit. Celeriter igitur Rufus ad aedificium currit et per fenestram cauponae ascendit. Diu Rufus sedet immobilis. Non iam canes audit. Nunc caelum est atrum. **Lux**, tamen, per **rimam** in ianua venit. Lente Rufus ad ianuam it et per rimam spectat. Nunc multos homines, qui in caupona   5
pernoctant, videre potest.   Multi Romani sunt, sed alii Graeci, alii Hispani, alii Britanii, et etiam pauci Galli.

    Subito, ianua aperit et Rufum in capite ferit.
    "Papae!" exclamat Rufus.
    "**Me paenitet**," inquit puella quae intrat. "Sed quid hic facis?"   10
    "Cibum peto," inquit Rufus. "Quid tu hic facis?"
    "Hic laboro. Sum ancilla. Nomen mihi est Elissa. Quid nomen tibi?"
    "Sum Rufus. Potesne obtinere mihi cibum? **Esurio valde!**"
    Eo ipso tempore Rufus et Elissa canes latrantes ferociter audiunt. Deinde, per ianuam Rufus Sextum et alios Cornelios videre potest.   15
Quamquam est periculosum, Rufus celeriter stat et post **abacum** se celat. Ibi petit cibum…

    lux, lucis (f) light
    rima, ae (f) crack
    me paenitet - I am sorry
    esurio, -ire - to be hungry
    valde - extremely, very (wicked if you're from Boston)
    abacus, i (m) bar (long flat piece of wood often found in saloon, inns, or taverns)

lux, lucis - light

    lucid -
    elucidate -
    translucent -
    lucifer -
    lucite -

~ 18 ~

Sextus' First "Date"?

Raeda adhuc in fossa haerebat. Dum Cornelii extra cauponam stabant, duo canes subito latrantes appropinquaverunt et Sextum terruerunt. Sextus fugere temptabat, sed dum currebat, incurrit cauponem obesum.

"Mehercule!" inquit caupo "Quid agis, puer? Sunt modo canes mei." Sextus, tamen, non respondit sed statim in cauponam praecurrit. 5

Iam Sextus in caupone stat et circumspectat. Multos videt homines. Certe, hic non pernoctare vult, sed valde esurit. Eo ipso tempore Sextus conspicit magnam **placentam** quae in **abaco** vicino stat.

Sextus inquit "Nisi erro, illa placenta est **palmula**!"

Eo eodem tempore Rufus, qui sub abaco sedebat, magnam placentam 10
palmulam videt. "Est mea!" inquit Rufus

Lente, **ut** nemo eum conspiciat, Sextus ad abacum ambulat et manum extendit. Lente, **ut** nemo eum capiat, Rufus manum ad placentam extendit.

Deinde Rufi manus manum Sexti tangit. Sextus exclamat. Rufus manum retrahit et **precem** silentem mussare coepit. Subito puella pulchra 15
apparet et appropinquat Sexto.

"Ave!" inquit puella, "Sum Elissa, quid nomen tibi?"

Sextus statim rubescit et e caupona effugit. In caupona Rufus, dum placentam edit, ridet.

placenta, ae (f) cake
abacus, i (m) bar
palmula, ae (f) date
ut - so that
prex, precis (f) - prayer

prex, precis (f) - prayer

    pray / prayer -
    depreciate -
    deprecating -
    self-deprecation -
    imprecation -
    precarious -

~ 19 ~

Nap Time for Rufus

    Dum Cornelii extra cauponam stabant, Rufus in caupona erat et edebat. Mox non iam esuriebat. Nunc, tamen, valde defessus erat. Lente Rufus ad **scalas repsit**. Scalas celeriter ascendit et ad cubiculum unum advenit. Nemo aderat. Igitur Rufus ianuam aperuit et intravit. In cubiculo tres lectos sordidos vidit. Ad primum lectum ambulavit et   5
consedit, sed **nimis** durus erat. Secundus lectus erat nimis **mollis**. Tertius erat **idoneus**. Rufus non iam vigilare volebat, igitur in lectum **irrepsit** et mox dormiebat.
    Brevi tempore, caupo, qui cistas earum ferebat, Aureliam et Corneliam in cubiculum duxit. Aurelia circumspectavit et voce superba   10
exclamavit, "Hoc cubiculum sordidum est! Ecce lecti!"
    Deinde Aurelia ad primum lectum ambulavit et mussavit, "Hic lectus est sordidus." Ad secundum lectum admovit. "Hic lectus non est melior!" Tandem ad tertium lectum ivit et voce irata clamavit, "Hic lectus est sordidissimus et aliquis adhuc in eo dormit!"   15
    Tum **scopas** arripuit et lectum identidem percussit. Statim Rufus e lecto surrexit. Cornelia clamavit "Est Rufus!"
    Aurelia exclamavit et e cubiculo currere temptavit. Caupo obesus exclamavit et Rufum arripere temptavit. Igitur Aurelia et caupo **conflexerunt** et ad pavimentum ceciderunt.   20
    Cornelia dixit, "Rufe, fuge!"
    Rufus igitur super Aureliam et cauponam **saluit** et e ianua cucurrit. Mox, clamores per totam cauponam **audiri** poterant.

scalae, arume (f) stairs
repo, repere, repsi - to crawl
nimis - _____ (You can figure this one out!)
mollis, is, e - _____ (Compare English – mollify)
idoneus, a, um - _____ (You can figure this one out too!)
irrepo - to crawl into
scopae, arum (f/pl) broom
percutio, -ere, percussi, percussum – to beat / hit hard
confligo, -ere, conflixi, conflictum – to collide
salio, -ire, salui, salutum - to jump
audiri - to be heard (passive infinitive)

~ 20 ~

Found!

Raeda in fossa adhuc haerebat. Aurelia et Cornelia Rufum in lecto cubiculi sui **invenerant**. Nunc Aurelia scalas descendebat. Fuerat numquam tam irata. **Cornelio** fabulam **miram** statim narrare volebat. Cornelia in cubiculo sola prope cistas adhuc stabat. Sollicita erat et paulisper ibi mansit. Brevi tempore, e cubiculo exit et Rufum petebat. 5

Mox Aurelia Cornelium et Marcum et Sextum invenit. Statim exclamavit, "Gai, Rufum invenimus. **Is** in lecto Corneliae erat."

"Pro Iuppiter!" exclamavit Sextus.

"Di Immortales!" clamavit Marcus

"**Edepol**!" dixit Cornelius. 10

"Venite! Eum **necemus**!" clamavit Sextus.

Cornelius Sexto dixit, "Sexte, tu es parvus et ignavus. Mane hic! Specta scalas! Non licet tibi nos **iuvare**. **Fortasse** ille miles potest."

Mox Cornelius, Marcus et miles quidam scalas ascenderunt. Dum ad cubiculum ambulabant, parva femina transibat. 15

"**Ignosce** mihi, parva femina," inquit Cornelius, "Vidistine parvum servum?"

Femina voce **molli** et alta dixit, "Minime, vir optime" Deinde celeriter exit. Cornelius et alii Rufum investigabant. Parva femina scalas descendit. Dum Sextus ibi stabat, femina transivit et per homines ad ianuam 20 cauponae ambulavit. Subito Sextus dixit, "Illa femina **bracchia** pillosa et **crura** pillosa habuit. Non fuit femina! Fuit Rufus!"

invenio, -ire, inveni, inventum - to find
Cornelio - to Cornelius (dative)
mirus, a, um – amazing
is - he
edepol - Gad!
necemus - let's kill
iuvare - to help
fortasse - perhaps
ignosco, -ere (+ dative) to pardon
mollis - (see chapter 19)

bracchium (n) arm
crus, cruris (n) leg

– 21 –

The Search

      Cum Sextus Rufum recognosceret, exclamavit, "Adiuva me! Adiuva me! Est Rufus. Effugit!"

      Statim Cornelius, Marcus et miles de **scalis** cucurrerunt et rogaverunt "Quid fit?" .

      "Vidi Rufum!" exclamavit Sextus. "Simulabat parvam puellam. Recens e ianua excucurrit!"

      Igitur omnes statim e caupona exierunt. Cornelius iussit Sextum prope ianuam manere, dum ipse ivit ad dextram et Marcus milesque ad sinistrum. Sextus prope ianuam sedit et solus mansit . Mox, tamen, obdormivit. In somnio Rufum vidit. Rufus in terra iacebat quod Sextus eum gladio necaverat. In somno Sextus risit.

      Subito, sonitus Sextum e somno excitavit. Sextus surrexit et lente de caupona ad viam ambulavit. Interea Rufus Cornelium, Marcum et militem viderat et nunc Sextum punire in animo habuit. Rufus aliquid stercus **siccum** arripuit et post raedam Cornelii se celabat. Ubi Sextus appropinquavit, Rufus stercus ad caput eius omni **vi** sua coniecit. In capite Sextum **icit**. Sextus gemuit, "EHEU!" et ad terram cecidit. Rufus statim effugit.

      Brevi tempore Marcus Sextum invenit. Primum eum mortuum cogitavit, enim stercus in **facie** Sexti **videbatur** esse **sanguis**. Igitur Marcus paene lacrimat**ur**us **ut** supra corpus **stetit**. Sed subito Sextus lente animum recuperavit. Lente Sextus surgere tempavit. Ubi hoc fecit, manum dextram in stercus recens posuit. Quamquam Sextus dolebat, Marcus risit.

scalae, arum (f) stairs
siccus, a, um - dry
vis, vis (f) force, might (has its own declension) ⟶
ico, -ere, ici, ictum – to hit, strike
facies, faciei (f) - face
videbatur - seemed
sanguis, sanguinis (m) - blood (derivative: sanguine - confidently optimistic and cheerful)
-ur- added before the case ending of a 4th principal part denotes a future action - "about to ____"
ut - as
sto, -are, steti, statum - to stand

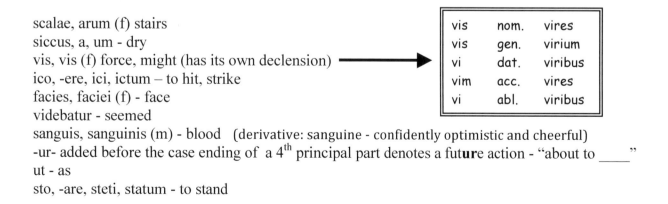

vis	nom.	vires
vis	gen.	virium
vi	dat.	viribus
vim	acc.	vires
vi	abl.	viribus

~ 22 ~

A Second Meeting

Quod media nox erat, Cornelii Rufum non invenire poterant. Igitur Cornelius Sexto, Marco et aliis mandatum dedit "Ite ad cubicula vestra! Cras Romam videbimus. Necesse est vobis bene dormire!" Mox omnes in lectis suis erant et dormiebant. Omnes **nisi** Sextus. De Rufo cogitabat. Diu vigilabat. Brevi tempore esuriebat et immemor Rufi. Tandem, quamquam   5
non licet ei, surrexit et scalas descendit quod cibum invenire volebat.

Mox Sextus culinae appropinquavit. Dum cibum petebat, **aliquis** tacite culinam intravit, ad Sextum admovit et post eum stetit. Interea, Sextus aliquid bonum petebat et **exsibilabat** nescio quid. Subito, manus extendit et **tergum** Sexti **tetigit**. Statim Sextus **ululavit** et ad pavimentum cecidit.   10
Oculos clausit et mortem expectavit.

Deinde, Sextus magnos risus audivit. Lente revertit et ancillam ridentem vidit.

"Stulte parve puer!" inquit ancilla. "Est modo ego, Elissa. Quid tu hic facis?"   15

"Esuriebam." respondit Sextus qui celeriter **rubescebat**.

Deinde Elissa **scriblitam** sumpsit et dixit, "Visne unam scriblitam?"

"Ita vero!" Sextus respondit et manum extendit.

"Si scriblitam tibi do, necesse est tibi dare mihi aliquid." dixit Elissa.

"Quid?" rogavit Sextus.   20

"Unum osculum," Elissa magno cum risu dixit.

Sextus **singultavit** sed valde esuriebat. Igitur celerrime osculum Elissae dedit, scriblitam arripuit et effugit. Elissa risit deinde manum suam spectavit. In ea bullam Sexti tenebat.

Mox sol lucebat. Raedarius auxilio servorum cauponis raedam e fossa   25
traxit. Brevi tempore Cornelii et Sextus defessus Romam iter faciebant.

nisi - except; unless
aliquis - someone
exsibilo, -are - to whistle
tergum, i (n) back
tango, -ere, tetigi, tactum – to touch
ululo, -are - to howl, shriek
rubesco, -ere - to blush
scriblita, ae - muffin
singulto, are (1) to gulp, gasp

Roma

    Interea Rufus, qui adhuc in silvis ambulabat, mox ingentem aquaeductum conspexit. Mox in via cum turba viatorum erat. Ut Rufus ambulavit, risit. Cogitabat sibi, "Numquam necesse erit mihi Sextum iterum videre. **Liber** ero! Vita mea plena gaudii erit! Mira faciam! Mox ego **portabor** in lectica! Mox ego servos habebo. Mox ego mandata dabo! Viri ad me pro auxilio et pecunia venient."   5

    Eo ipso tempore, alius viator Rufum reprehendit, "Move, stulte! Noli stare ibi spectans caelum!"

    Brevi tempore Rufus **collem** brevem ascendit et primum Romam vidit. Stupebat. Lacrimae maximae gaudii de oculis Rufi ceciderunt. Cum Portae Capenae appropinquavit, undique populi huc illuc currebant. Celeriter Rufus Romam ipsam intravit. Nunc Colosseum et Circum Maximum et multa templa videre poterat. Rufus scalas templi ascendit. Deinde columnam Corinthiacam striatam ascendit et clamare coeptus est. "Sum Rufus! Sum liber! Sum rex mundi!"   10

    15

    Subito, **malum** putridum Rufum in capite **icit** et miles exclamavit, "Descende, fatue puer! Quid facis? Et cur clamas, **baro**?"

    Celeriter Rufus columnam descendit et in viam effugit. Strepitum cisii numquam audivit. *FRAGOREM*! Turba corpus magna circumstabat.

    Unus rogavit, "Estne mortuus?"   20

liber, libri (m) book
liber, libra, librum - free
portabor - to carry (future tense, passive voice of porto)
collis, is (m) hill
templum, i (n) temple
columna striata Corinthiaca (see picture) Fluted Corinthian Column
coeptus sum - began
malum, i, (n) apple
malus, a, um - bad
ico, -ere, ici, ictum - to hit
baro, baronis (m) blockhead

Rufe!

Dum Rufus in terra iacebat, Titus cum Marco et Sexto et Eucleide aream intravit.

"Cur est magna turba?" Marcus rogavit.

Sextus, qui numquam antea tam multos homines viderat, valde attonitus erat. Interpellavit, "Patrue Tite, volo ire et videre quid agat! Puto esse servum mortuum. Numquam antea mortuum servum vidi. Possumne ire? **Amabo te!**"

"Tace, puer!" respondit Titus. "Modo est servus. Est nihil. Videbis multos servos mortuos, si ad Colosseum ibis. Nunc, quod Cornelius me rogavit, vos domum per urbem ducam."

"Facere aliquid numquam mihi licet," mussavit Sextus. Titus unum **calceum puniceum** amovit et Sextum in capite icit. Marcus et Eucleides ambo **cachinnaverunt**.

Interea Rufus lente **resipivit**. Circumspexit et in capite suo **tuber tetigit**. Surgere temptavit, sed frustra. Subito, per turbam, Sextum et Marcum cum **sene** colloquentes vidit. Marcus ridebat. Sextus caput suum **tangebat** et iratus valde videbatur. Subito Sextus avertit et nunc ad turbam et ad Rufum ipsum ambulabat. Per turbam **trusit**. Rufi oculi oculis Sexti occurrerunt. Simulac Sextus Rufum conspexit, ad Marcum et Eucleides vertit et clamavit, "Di immortales! Est Rufus!"

Cum Sextus reverteret, Rufus aberat.

amabo te - please (colloquial)
calceus, i (m) shoe
puniceus, a, um - pink
cachinno (1) to laugh loudly
resipisco, -ere, -ivi, itum - to come to one's senses
tuber, tuberis (n) lump
tango, -ere, tetigi, tactum - to touch
senex, senis (m) old man
trudo, -ere, trusi, trusum - to push

~ 25 ~

To the Taberna

    Dum Sextus ad Marcum clamabat, subito Elissa e turba venit. Celeriter Rufum in tabernam vicinam traxit. Interea, Sextus adhuc clamabat. Clamoribus et tumultu excitatus, Marcus ad Sextum cucurrit et rogavit, "Quid rei est?"
    "Rufum vidi! Erat hic! Nunc abest! Veni mecum in tabernam! Scio eum eo adesse!" Igitur Marcus et Sextus lente tabernae appropinquaverunt. Cum pervenirent, circum **postes** et in tabernam spectaverunt. Modo **tabernarium** et puellam viderunt. Sextus, tamen, omnes partes tabernae inspicere in animo habuit. Igitur intravit et circumspicere **coeptus est**. In hac taberna erant multa genera cibi et aliarum rerum, aliquid omnibus. Quamquam Sextus Rufum petebat, **tamen** valde esuriebat. Igitur, cum tabernarius **despiceret**, Sextus paucas **nuces** manu rapuit. Sed tabernarius Sextum conspexerat! **Scopas sustulit** et Sextum in capite et **tergo** verberare coeptus est. Marcus, qui prope ianuam stabat, omnem rem magno cum risu spectavit.
    Tandem Sextus ad ianuam cucurrit. **Ut hoc fecit**, puella, quae in taberna erat, pedem dextrum extendit. Sextus e ianua in viam **volavit**. Terruit duos boves qui plaustrum trahebant. Plaustrum **eversum est**! Lapis quadratus de plaustro cecidit et digitus minimus pedis sinistri Sexti oppressus erat.
    Marcus ad Sextum lacrimantem cucurrit. In taberna puer e **cupa pennarum** exit. **Sternuit**, celeriter ad puellam prope ianuam ivit et eam complexu tenuit. Tabernarius circumspectavit et vidit Rufum et Elissam una.

postis, postis (m) doorpost
tabernarius, i (m) shopkeeper
coeptus est - began
tamen - nevertheless
despicio, -ere - to look down
nux, nucis (f) nut
scopae, arum (f. pl) broom
tollo, -ere, sustuli, sublatum - to pick up
tergum, i (n) back
ut hoc fecit - as he did this
volo, volare, volavi, volatum - to fly
everto, -ere, everti, eversum – to overturn
cupa, ae (f) barrel
penna, ae (f) feather
sternuo, -ere, sternui - to sneeze

~ 26 & 7 ~

Auriga Meus est Victor

Eucleides et pueri iam domum redibant. Dum ambulabant, Sextus **claudicans** rogavit "Quid hodie faciemus? Volo facere aliquid **ioci**! Numquam aliquid boni facimus. Romae me **taedet**."

"Tace, Sexte!" interpellavit Eucleides. "Nonnumquam tu meme valde vexas! Sine me, praedonibus liceat te arripere, tibi nocere et in lutum te iacere. Sed ego adsum! Sum custos optimus. Quamquam non gladium habeo, hunc 'oculum malum' habeo! Cur, olim, ubi eram iuvenis…" 5

"Satis!" interpellavit Marcus. "**Depone** 'oculum malum tuum'! Ambo, claudite **ora** vestra! **Eamus** ad Circum et aurigas spectemus. Faveo Russatis."

Brevi tempore, Eucleides et pueri per turbam ad Circum Maximum pervenerant. Mox intraverunt et **subsellia** sua invenerunt. 10

Interea Rufus et Elissa prope Circum ambulabant. Subito Rufus inquit "Ubi eram puer et in Britannia habitabam, **currum** cum patre meo agebam. **Pecuniam** requirimus. Fortasse currum agere possim atque multam pecuniam **adipisci**." 15

Mox, in Circo, pueri aurigas spectabant. Eucleides clamavit, "Faveo albatis!

Marcus, "Russatis!"

Sextus, "Faveo illi! Ille auriga mihi **videtur** fortis et durus!"

Mox Caesar mappam **demisit**. 20

"Ecce Albati!" exclamavit Eucleides.

"Spectate aurigam meum!" exclamavit Sextus.

"Sexte!" exclamavit Marcus, "Nisi erro, auriga tuus est Rufus! Ecce, mox erit victor"

Subito erat ingens naufragium. Modo unus aurigarum e **nube** **pulveris** evenit. Erat Rufus. Rufus victor erat. 25

claudico, -are (1) to limp
iocus, i (m) fun
taedet - it bores (acc. is bored of a gen.)
depono, -ere, deposui, depositum - to put away
eamus - let's go
os, oris (n) mouth
subsellium, i (n) seat

currus, us (m) chariot
pecunia, ae (f) money
adipisci - to win
videtur - he/she/it seems
demitto, -ere, demisi, demissum - to drop
nubes, nubis (f) cloud
pulvis, pulveris (m)

VOCABULARY

A
a(b) - from, away from, by (w. abl.)
abacus, i (m) bar
abeo, abire, abii, abitum - to go away
absum, abesse, afui - to be absent, be away
ad - to, toward (w. acc.)
adhuc - still
adipiscor, adipisci, adeptum sum - to win
adiuvo (1) to help
admoveo, -ere, admovi, admotum - to move toward
adsum, adesse, adfui - to be present
advenio, -ire, adveni, adventum - to arrive
advesperascit - evening approaches
aer, aeris (m) air
ager, agri (m) field
ago, -ere, egi, actum - to do, lead, drive
alapa, ae (f) slap
albati, orum (m) the white chariot team
aliquis, aliquis, aliquid - someone, something
alius, a, um - another, other
alter, altera, alterum - another
altus, a, um - tall
amabo te - please
ambo, ambae, ambo - both
ambulo (1) to walk
amica, ae (f) friend
amicus, i (m) friend
amo (1) to love
amoveo, -ere, amovi, amotum - to remove
ancilla, ae (f) slave-woman
animus, i (m) sense, consciousness
antea - before
antiquus, a, um - old
aperio, -ire, aparui, aparitum - to open
appareo, -ere, apparui, apparitum - to appear
appropinquo (1) to approach (w. dat.)
aquaeductus, us (m) aqueduct
arbor, arboris (f) tree
area, ae (f) place, area
arripio, -ere, arripui, arreptum - to grab
ascendo, -ere, ascendi, ascensum - to climb
ater, atra, atrum - black
atque - and
attonitus, a, um - astonished
ausculto (1) to listen for
audio (4) to hear, listen to
Aurelia, ae (f) Aurelia
auriga, ae (m) charioteer
auxilium, i (n) - help
ave - hello!
averto, -ere, averti, aversum - to turn away
avis, avis (f) bird

B
baro, baronis (m) blockhead
bene - well
bibo, -ere, bibi - to drink
bonus, a, um - good
bos, bovis (m) ox
bracchium, i (n) arm
brevis, is, e - short
Britannicus, a, um - British
Brutus, i (m) Brutus
bulla, ae (f) necklace

C
cachinno (1) to laugh loudly
cado, -ere, cecidi, casum - to fall
caelum, i (n) sky
Caesar, Caesaris (m) Caesar
calceus, i (m) shoe
calculus, i (m) pebble
calidus, a, um - hot
canis, canis (m/f) dog
canto (1) to sing
capio, -ere, cepi, captum - to capture
caput, capitis (n) head
carpo, -ere, carpsi, carptum - pick, seize
carus, a, um - dear
caupo, cauponis (m) innkeeper
caupona, ae (f) inn
caveo, -ere, cavi, cautum - to watch out for
celeriter - quickly
celerrime - very quickly
celo (1) to hide
certe - certainly
cibus, i (m) food
cimix, cimicis (m/f) bug
circum - around (w. acc.)
circumspecto (1) to look around
circumsto, -are, circumsteti - to surround
Circus Maximus (m) the Circus Maximus
cisium, i (n) light two-wheeled carriage
cista, ae (f) trunk

civis, civis (m/f) citizens
clamo (1) to shout, yell
clamor, clamoris (m) shout, shouting
claudico, -are (1) to limp
claudo, -ere, clausi, clausum - to close
coepi, coepisse, coeptus sum - to begin
cogito (1) to think
collis, is (m) hill
colloquor, colloqui, colocutus sum - to talk with
Colosseum, i (n) the Colosseum
columna, ae (f) column
commotus, a, um - upset
complexus, us (m) embrace
confligo, -ere, conflixi, conflictum - to collide
conicio, -ere, conieci, coniectum - to throw, hurl
consido, -ere, consedi, consessum - to sit down
conspicio, -ere, spexi, -spectum - to catch sight of
Corinthiacus, a, um - Corinthian
Cornelia, ae (f) Cornelia
Cornelius, i (m) Cornelius
corpus, corporis (n) body
cotidie - every day
cras - tomorrow
credo, -ere, credidi, creditum - to believe (w. dat.)
crescens, crescentis - growing
cruentus, a, um - bloody
crus, cruris (n) leg
cubiculum, i (n) - room
cubo, -are, cubui, cubitum - to lie down
culina, ae (f) kitchen
cum - with (w. abl.)
cupa, ae (f) barrel
cur - why
curo (1) to care for
curro, -ere, cucurri, cursum - to run
currus, us (m) chariot

D
de - of, about, from (w. ablative)
defessus, a, um - tired
deinde - then
demitto, -ere, demisi, demissum - to drop
dens, dentis (m) tooth
depono, -ere, -posui, -positum - to put away/down
derideo, -ere, derisi, derisum - to make fun of
descendo, -ere, descendi, descensum - to descend
despicio, -ere - to look down
devoro (1) to devour, gulp

dexter, dextra, dextrum - right
dextra, ae (f) the right side
Di immortales - Good heavens!
dico, -ere, dixi, dictum - to say, tell
dies natalis - birthday
dies, diei (m) day
discedo, -ere, discessi, discessum - to leave
diu - for a long time
do, dare, dedi, datum - to give
doleo, -ere, dolui, dolitum - to hurt, to be sad
dominus, i (m) master
domus, us (f) home, house
dormio (4) to sleep
duco, -ere, duxi, ductum - to lead
dulcis, is, e - sweet
dum - while
duo, duae, duo - two
durus, a, um - hard, tough

E
e(x) - out of (w. abl.)
eam - her
eamus - let's go
eas (f) - them
ecce - behold
edepol - gad!
edo, edere or esse, edi, esum - to eat
effugio, -ere, effugi - to flee
ego - I
eheu - alas
Elissa, ae (f) Elissa
eo ipso tempore - at that very monent
eo, ire, ivi, itum - to go
eos (m) them
equus, i (m) horse
erro (1) to wander, be mistaken
esurio, -ire - to be hungry
et - and
etiam - also
Eucleides, Eucleidei (m) Eucleides
eum - him
everto, -ere, everti, eversum – to overturn
excito (1) to awaken
exclamo (1) to exclaim, yell
excurro, -ere, excurri, excursum - to run out
exeo, exire, exivi, exitum - to leave
exsibilo (1) to whistle
exspecto (1) to expect, wait for

extendo, -ere, extendi, extentum - to extend
extra - outside (w. acc.)

F
fabula, ae (f) story
facio, -ere, feci, factum - to make, do
familia, ae (f) family
fatuus, a, um - stupid
faveo, -ere, favi, fautum - to favor (w. dat.)
fenstra, ae (f) window
ferio, ferire - to hit, strike
fero, ferre, tuli, latum - to bring, carry, bear
ferox, ferocis - ferocious
figo, -ere, fixi, fixum - to stab
finis, is (m) end
firmus, a, um - firm, strong
Flavia, ae (f) Flavia
flos, floris (m) flower
fodoco (1) to poke, jab, stab
fortasse - perhaps
fortis, is, e - brave, strong
fossa, ae (f) ditch
fragor, fragoris (m) crash
frango, -ere, fregi, fractum - to break
frigidus, a, um - cold
frons, frontis (f) forehead
frustra - in vain
fugio, -ere, fugi, fugitum - to flee, run away
furca, ae (f) pitchfork
furtim - stealthily

G
Gaius, Gaii (m) Gaius
Galli, Gallorum (m/f) - Gauls
gaudeo, ere, gavisus sum - to rejoice
gaudium, i (n) joy
gemo, -ere, gemui, gemitum - to groan
gena, ae (f) cheek
genu, genus (n) knee
genus, generis (n) kind, sort
Geta, ae (m) Geta
gladius, i (m) sword
Graeci, Graecorum (m/f) Greeks
grex, gregis (m) flock

H
habeo, -ere, habui, habitum - to have
habito (1) to live
haereo, -ere, haesi, haesum - to stick to, snag
harudo, harudinis (f) reed
hei - ah!
herba, ae (f) grass
hic - here
hic, haec, hoc - this
Hispani, Hispanorum (m/f) Spaniards
hodie - today
homo, hominis (m/f) people
hortus, i (m) garden
huc illuc - here and there, hither and thither

I
iaceo, -ere, iacui, iacitum - to lie
iacio, -ere, ieci, iactum - to throw
iacto (1) to toss
iam - now
ianua, ae (f) door
ibi - there
ico, -ere, ici, ictum - to hit, strike
id - it
idem, eadem, idem - the same
identidem - again and again
idoneus, a, um - suitable, just right
igitur - therefore
ignavus, a, um - lazy, cowardly
ignosco, -ere, ignovi, ignotum - to pardon (w. dat.)
ille, illa, illud - that
immemor, immemoris - forgetfull (w. gen.)
immo - well
immobilis, is, e - motionless
impedio (4) to hinder
in - in, on (w. abl.)
in - into (w. acc.)
in animo habere - to intend
inclino (1) to lean on
incolumis, is, e - safe
incurro, -ere, incurri, incursum - to crash into
infans, infantis (m/f) baby
infirmus, a, um - weak, sick
ingens, ingentis - huge
inquit - he/she says
inspicio, -ere, inspexi, inspectum - to search, inspect
inter - between (w. acc.)
interdiu - during the day

interea - meanwhile
interpello (1) to interupt
intra - among
intro (1) to enter
inuro, ere - to brand
invenio, -ire, inveni, inventum - to find
investigo (1) to investigate, search
iocus, i (m) fun
ipse, ipsa, ipsum - himself, herself, itself
ira, ae (f) anger
iratus, a, um - angry
irripo, -ere, irrepsi, irreptum - to crawl into
is, ea, id - he, she, it
Italia, ae (f) Italy
iter, itineris (n) journey
iterum - again
iubeo, -ere, iussi, iussum - to order
iuvenis, is (m) young man
iuvo (1) to help

L
laborans, laborentis - working
laboro (1) to work
lacrimo (1) to cry
laetus, a, um - happy
lambo, -ere, lambi - to lick
lapis, lapidis (m) stone
latro (1) to bark
lectica, ae (f) litter
lectus, i (m) bed
lego, -ere, lexi, lectum - to read
lente - slowly
liber, libra, librum - free
liber, libri (m) book
libertas, libertatis (f) freedom
licet, licere, licuit, - it is allowed (w. dat.)
lingua, ae (f) tongue
littera, ae (f) letter
longus, a, um - long
loquor, loqui, locutus sum - to talk
luceo, ere, luxi - to shine
lucerna, ae (f) lamp
lucet - it is light
luna, ae (f) moon
lupus, i (m) wolf
lutum, i (n) mud
lux, lucis (f) light

M
madidus, a, um - soaked
magis - more
magnus, a, um - great, large, loud
malum, i (n) apple
malus, a, um - bad, evil
mandatum, i (n) order
maneo, -ere, mansi, mansum - to remain
manus, us (f) hand
mappa, ae (f) mappa, handkerchief
Marcus, i (m) Marcus
mater, matris (f) mother
matrimonium, i (n) marriage
me paenitet - I am sorry
medius, a, um - middle
medius, i (m) middle
mehercule - by Hercules!
melior - better
meme - me (used for emphasis)
meta, ae (f) haystack
meus, a, um - my
miles, militis (m) soldier
minime - no
mirus, a, um - wonderful, amazing
modo - only
molestus, a, um - annoying
mollis, is, e - soft
moneo, -ere, monui, monitum - to warn
mons, montis (m) mountian
mordeo, -ere, momordi, morsum - to bite
mortuus, a, um - dead
moveo, -ere, movi, motum - to move
mox - soon
multus, a, um - many
mundus, i (m) world
murmur, murmuris (n) murmur
musso (1) to mutter

N
naro (1) to tell
naufragium, i (n) shipwreck
necesse est - it is necessary (w. dat.)
neco (1) to kill
nemo, neminis (m/f) no one
neque...neque - neither...nor
nescio, -ire, nescivi, nescitum - to not know
nicto (1) to blink
nihil - nothing

nimis - too
nisi - except, unless
noceo, -ere, nocui, nocitum - to harm (w. dat.)
noctu - at night
noli - don't
nolo, nolle, nolui - to not want
nomen, nominis (n) name
non - not
non iam - no longer
nondum - not yet
nonnumquam - sometimes
nos - we, us
noster, nostra, nostrum - our
novus, a, um - new
nox, noctis (f) night
nubes, is (f) cloud
nullus, a, um - no
numquam - never
nunc - now
nuntius, i (m) messenger
nux, nucis (f) nut

O
obdormio (4) - to fall asleep
obesus, a, um - fat
observo (1) to watch
obtineo, -ere, obtinui, obtentum - to obtain
occupatus, a, um - busy
occurro, -ere, occurri, occursum - to meet (w. dat.)
oculus, i (m) eye
odi, odisse, osus sum - to hate
Oedipus Rex - a play by Sophocles
olfacio, -ere, olfeci, olfactum - to smell
olim - once
omnis, is, e - all, every
opprimo, -ere, oppressi, oppressum - to crush
optimus, a, um - best
os, oris (n) mouth
osculo (1) kiss
osculum, i (n) kiss

P
paene - almost
palmula, ae (f) date (the fruit)
panis, panis (m) bread
papae - ouch!

paratus, a, um - ready, prepared
paro (1) to prepare
pars, partis (f) part
parvus, a, um - small, little
passa, ae (f) raisin
pater, patris (m) father
patruus, i (m) uncle
paucus, a, um - few
paulisper - for a short time
pavimentum, i (n) floor
pecunia, ae (f) money
penna, ae (f) feather
per - through (w. acc.)
percutio, -ere, percussi, percussum - to strike
perforo (1) to pierce
periculum, i (n) danger
pernocto (1) to spend the night
perterritus, a, um - frightened, terrified
pervenio, -ire, perveni, perventum - to arrive
pes, pedis (m) foot
peto, -ere, petivi, petitum - to seek, look for
pictura, ae (f) picture
pila, ae (f) ball
pillosus, a, um - hairy
piscina, ae (f) fishpond
placenta, ae (f) cake
placide - gently
plapus - plap!
plenus, a, um - full, full of
plipus - plip!
plupus - plup!
pollex, pollicis (m) thumb
popina, ae (f) snack bar
populus, i (m) people
Porta Capena - one of the entrances to Rome
porta, ae (f) gate
porto (1) to carry
possum, posse, potui - to be able
post - behind, after (w. acc.)
postis, is (m) doorpost
praeclarus, a, um - distinguished
praecurro, -ere, -curri, -cursum - to run ahead
praedo, praedonis (m) robber
praetereo, -ire, praeterivi, praeteritum - to ignore
prex, precis (f) prayer
primum - first, for the first time
primus, a, um - first
princeps, principis (m) emperor
pro Iuppiter - by Jupiter!
procul - in the distance

prope - near (w. acc.)
puella, ae (f) girl
puer, pueri (m) boy
pulcher, pulchra, pulchrum - beautiful
pulso (1) to punch
pulvis, pulveris (m) dust
puniceus, a, um - pink
punio (4) to punish
purgo (1) to clean
putridus, a, um - rotten

Q
quadratus, a, um - squared
quae - who
quam - how
quam - which
quamquam - although
queisco, -ere, quievi, quietum - to rest
quemque - each
qui - who
quid pro quo - something for something
quidam, quaedam, quoddam - a certain
quintus, a, um - fifth
quis - who
quod - because
quoque - also, too

R
raeda, ae (f) raeda
raedarius, i (m) carriage driver
ramus, i (m) branch
rastellus, i (m) rake
recens - just now, recently
recens, recentis - fresh
recognosco, -ere, -novi, -nitum - to recognize
recupero (1) to regain
recurro, -ere, recurri, recursum - to run back
redeo, redire, redivi, reditum - to return, go back
relinquo, -ere, reliqui, relictum - to leave
repello, -ere, reppuli, repulsum - to drive off
repo, -ere, repsi - to crawl
reprehendo, -ere, -prehendi, -prehensum - to scold
requiro, -ere, requisivi, requisitum - to need
res, rei (f) thing, matter, situation
resipisco, -ere, -ivi, itum - to come to one's senses
respiro (1) to breath

respondeo, -ere, respondi, responsum - to answer
retraho, -ere, -traxi, -tractum - to take back
reverto, -ere, -verti, -ersum - to turn around
revoco (1) to call back
rex, regis (m) king
rideo, -ere, risi, risum - to laugh, smile
rima, ae (f) crack
ripa, ae (f) river bank
risus, us (m) laugh, smile
rivus, i (m) stream
rogo (1) to ask
Roma, ae (f) Rome
Romanus, a, um - Roman
rota, ae (f) wheel
rubesco, -ere, rubui - to blush
Rufus, Rufi (m) Rufus
rupes, rupis (f) cliff
russati, orum - the red chariot team

S
sacculum, i (n) little bag
saepe - often
salio, -ire, salui, saltum - to jump
salvus, a, um - safe
sanguis, sanguinis (m) blood
satis - enough
saxum, i (n) rock
scelestus, a, um - wicked
scio (4) to know
scopae, arum (f. pl) broom
scriblita, ae (f) muffin
scribo, -ere, scripsi, scriptum - to write
se - him/herself
secundus, a, um - second
sed - but
sedeo, -ere, sedi - to sit
semper - always
senator, senatoris (m) senator
senex, senis (m) old man
sentio, -ire, sensi, sensum - to feel
sero - late
serpens, serpentis (m/f) snake
servus, i (m) slave
Sextus, i (m) Sextus
si - if
sibi - to himself
siccus, a, um - dry
silens, silentis - silent

silva, ae (f) forest, woods
similis, is, e - similar to, like
simul - together
simulac - as soon as
simulo (1) to imitate
sine - without (w. abl.)
singulo (1) to gulp, gasp
sinister, sinestra, sinestrum - left
sinistrum, i (n) the left side
sol, solis (m) sun
sollicitus, a, um - anxious, worried
solus, a, um - alone
somnium, i (n) dream
somnus, i (m) sleep
sonitus, us (m) sound, noise
sordidus, a, um - dirty
specto (1) to watch, look at
spelunca, ae (f) cave
stans - standing
statim - immediately
statua, ae (f) statue
stercus, stercoris (n) dung
sternuo, -ere, sternui - to sneeze
sto, -are, steti, statum - to stand
strenue - hard, strenuously
strepitus, us (m) noise, racket
striatus, a, um - fluted
stultus, a, um - stupid
stupeo, -ere, stupui - to be amazed
sub - under (w. abl.)
subito - suddenly
subsellium, i (n) seat
sum, esse, fui - to be
sumo, -ere, sumpsi, sumptum - to pick up
super - over, above (w. acc.)
superbus, a, um - proud, haughty
surgo, -ere, surrexi, surrectum - to get up
suus, a, um - his/her own

T

taberna, ae (f) shop
tabernarius, i (m) shopkeeper
taceo, -ere, tacui, tacitum - to be quiet
tacite - quietly
taedet - it bores (acc. is bored of a gen.)
tam - so
tamen - however, nevertheless
tandem - at last

tango, -ere, tetigi, tactum - to touch
tantum - only
templum, i (n) temple
tempto (1) to try
tempus, temporis (n) time
tergum, i (n) back
terra, ae - ground, earth
tertius, a, um - third
theatrum, i (n) theater
tibi - to/for you
timeo, -ere, timui - to be afraid of, fear
timidus, a, um - timid, shy
Titus, i (m) Titus
tollo, -ere, sustuli, sublatum - to pick up
totus, a, um - all, whole, entire
traho, -ere, traxi, tractum - to drag
trans - across (w. acc.)
transeo, -ire, transivi, transitum - to pass by
tres, tres, tria - three
tristis, is, e - sad
trudo, -ere, trusi, trusum - to push
tu - you
tuber, tuberis (n) lump
tumultus, us (m) uproar, commotion
tunica, ae (f) tunic
turba, ae (f) crowd
tuus, a, um - your

U

ubi - when
ubicumque - wherever
ululo (1) to howl
una - together
undique - on all sides
unus, a, um - one
urbs, urbis (f) city
ut - as, so that, that
utique - at least

V

valde - very, hard
vanesco, vanescere - to vanish, fade
vehiculum, i (n) vehicle
venio, -ire, veni, ventum - to come
verbero (1) to beat
vermis, vermis, (m) worm

verto, -ere, verti, versum - to turn
verus, a, um - real, true
vester, vestra, vestrum - your
vestigium, i (n) track, trace, footprint
vexo (1) to annoy
Via Appia - a major Roman road
viator, viatoris (m) traveler
vicinus, a, um - nearby, neighboring
victor, victoris (m) victor, winner
video, -ere, vidi, visum - to see
videtur - he/she/it seems
vigilo (1) to stay awake
villa rustica (f) country house
vinea, ae (f) vineyard
vinum, vini (n) wine
vir optimus - sir
vir, viri (m) man
virga, ae (f) stick
vis, vis (f) - strength, force
vita, ae (f) life
vito (1) to avoid
vivus, a, um - alive
volo (1) to fly
volo, velle, volui - to want, wish
vox, vocis (f) voice
vultus, us (m) face

Made in the USA
Middletown, DE
08 October 2018